Mads Rønnborg

100 x
Outfit
of the
day

Stylingideen für
Lieblingsstücke

Vorwort

Ihr Stil ist Ausdruck Ihrer Persönlichkeit und spiegelt wider, wer Sie sind und wie Sie von anderen gesehen werden möchten. In der richtigen Kleidung fühlen Sie sich stark, schön und bereit für den Tag. Und vor allem: wie Sie selbst.

Doch sicherlich kennen Sie auch diese Situationen: Im Modemagazin lasen Sie vom neuesten Trendteil, das man jetzt unbedingt haben muss, um modisch mitzuhalten. Schnell fand es also den Weg in ihren Kleiderschrank. Angezogen jedoch sahen Ihre Proportionen irgendwie seltsam aus, Sie zupften ununterbrochen am Ausschnitt und fühlten sich verkleidet.

Dieses Buch möchte Ihnen helfen. Es bietet Ihnen ein Füllhorn an Inspiration und möchte Sie dazu einladen, moderne Lieblingsstücke für sich zu entdecken. Mads Rønnborg ist international gefragter und bekannter Stylist für Prominente und weiß, wie Mode funktioniert. Für Sie hat er 100 Outfits zusammengestellt, die Ihnen zeigen werden: Richtig kombiniert werden die aktuellen It-Pieces zu vielgetragenen Favoriten Ihres Kleiderschranks. Ob Jogginghose, Bleistiftrock oder Jumpsuit – zu jedem Kleidungsstück erhalten Sie exklusive Tipps vom Star-Stylisten, die es Ihnen leicht machen, die aktuelle Mode gekonnt zu kombinieren.

Außerdem finden Sie in diesem Buch immer wieder kurze Kapitel, die Sie dabei unterstützen, Ihren Stil zu finden und sich in ihm wohlzufühlen. Andrea Instone, Expertin für Farb- und Stilberatung zeigt: Hören Sie auf Ihre Intuition und seien Sie kritisch gegenüber universellen Regeln und Verboten. Ihren Stil erschaffen nur Sie.

Einige Outfits in diesem Buch werden Sie vielleicht überraschen. Lassen Sie sich gerade auch von diesen Looks inspirieren und anregen. Denn der wichtigste Styling-Ratschlag, den Ihnen Mads wirklich an's Herz legen möchte ist: Hören Sie nie auf, mit Mode zu experimentieren, mit ihr zu spielen und sie für sich zu entdecken.

Inhalt

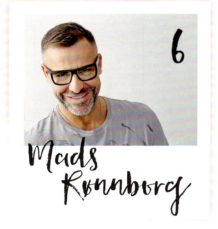 Mads Rønnborg 6

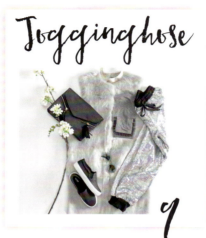 Jogginghose 9

 Etuikleider 21

 Boyfriend-Hemden 30

 Plissee-Röcke 41

 Statement-Schmuck 51

 Marlenehosen 61

 Bomberjacken 68

 Bademode 81

Jumpsuits 93

103 Ponchos

Skinny Pants 110

Black Dresses 119

131 Mäntel

Bleistiftröcke 143

153 Off the Shoulder

Von Andrea Instone:

Guter Stil	18
Stilregeln	38
Figur und Charakter	48
Image und Persönlichkeit	58
Komfort	78
Die richtigen Farben	90
Trends und Klassiker	100
Der Kleiderschrank	128
Mode und Inspiration	140
Styling No-Gos	150

Mads Rønnborg

Eine der häufigsten Fragen vor dem Kleiderschrank lautet: „Was ziehe ich an?" Noch viel häufiger stellt sich jedoch die Frage: Womit kombiniere ich den Lieblingspulli, die neuen Hosen oder die heißgeliebte Jacke, sodass daraus ein stilvolles Outfit wird?

Zu der Aussage „Stil hat man, oder auch nicht", meint Mads Rønnborg: „Stil bedeutet, sich persönlich auszudrücken, und Mode ist das Instrument dazu".
Der bekannte Stylist beherrscht dieses Instrument auf virtuose Weise, spielt gekonnt mit modischen Stilen, Farben und Looks.
Den Auftakt dazu gab vor vielen Jahren ein Aufenthalt in Los Angeles, denn um dort finanziell über die Runden zu kommen, assistierte der gebürtige Däne einer amerikanischen Stylistin. Nach und nach nahm die Mode im Leben von Mads Rønnborg einen immer größeren Raum ein – und er blieb dabei.

Er war Styling-Chef im deutschen Frühstücksfernsehen, hat schon zahlreichen Promis, darunter Jennifer Garner, Nelly Furtado oder Sarah Connor, zum perfekten Look verholfen und übernahm das Styling vieler bekannter Werbekampagnen. Aktuell setzt er sein modisches Kombinationstalent bei „Barbara", dem Magazin von Barbara Schöneberger, ein. „Wir sind ein tolles Team bei Barbara und haben viel Spaß, redaktionelle Ideen umzusetzen. Es geht nicht nur darum, dass ein Outfit gut sitzt und Barbara toll aussieht, sondern jede Ausgabe hat ein Thema, das illustriert wird, wie bei einem Editorial", fasst Mads Rønnborg zusammen.

Auch, wenn er in der Fashion-Szene zu Hause ist: sein Credo, sich in der Mode, die man trägt, wohlzufühlen, wendet Mads Rønnborg auch für sich selbst an: „Ich liebe Rick Owens, Boris Bidjan, eben Designer meiner Generation, mit deren Mode ich mich identifizieren kann und bei denen ich Spaß am Tragen der Kleidungsstücke habe."

Mit 100×Outfit of the day widmet sich der angesagte Stylist nun einem ganz besonderen Projekt, das die Lust auf Mode und Styling wecken soll. Viele Trend-Pieces können nämlich schnell zur modischen Herausforderung avancieren. Hier gilt: Ausprobieren, Kombinieren, Collagieren und auch mal Secondhand-Teile in den Look einfließen lassen. Mads Rønnborg zeigt, wie sich neue Favorites mit bereits vorhandenen Kleidungsstücken zu immer wieder neuen, tollen Outfits kombinieren lassen.

Für ihn ist übrigens ein weißes T-Shirt das ultimative, zeitlose It-Piece. Sein Ziel: „Das Buch soll Mut machen, selbstbewusst zu sein und seinen eigenen Stil zu finden". Auch Material und Farbe können so einiges ausmachen, weich fließende Stoffe etwa wirken femininer, die Betonung an der richtigen Stelle kaschiert Problemzonen und ein Farbakzent unterstreicht die Persönlichkeit. Mads Rønnborg hat dabei auch die kleinen Details im Fokus, die zum Gesamtbild beitragen: Die Accessoires. Sie verleihen einem Outfit den Finishing Touch, sorgen für ein wirklich individuelles Styling und spiegeln die Persönlichkeit wider.

Ein Patentrezept für den richtigen Look hat aber auch Mads Rønnborg nicht; es gilt, immer wieder neu zu kombinieren und zu experimentieren, bis der Look stimmig ist. Und das ist er, wenn das Outfit Komplimente bekommt und die Trägerin sich selbst fantastisch darin fühlt.

Lassen Sie sich inspirieren!

Jogginghose

**Karl Lagerfeld sagt: „Wer Jogginghosen trägt, hat die Kontrolle über sein Leben verloren." Doch was früher mal ein Teil für's Entspannen auf dem Sofa war, ist nun das It-Piece schlechthin.
Um die Jogginghose jedoch straßentauglich zu machen, muss man ihr das gewisse Extra verpassen. Glam them up! – zum Beispiel mit trendigen Accessoires und Highheels. So wird die Uniform für Couchpotatoes zum coolen Fashion-Statement.**

Feiern ohne Limit

„Hier siehst du, dass Jogginghosen, wenn sie richtig kombiniert werden, ein wahrer Allrounder sind und zu vielen Anlässen getragen werden können. Mit diesem Look wirst du im Club ganz sicher alle Blicke auf dich ziehen!"

Say my name

2

> *Der schnelle Stil-Trick: Lieblingsjeans, Sneaker und Pullover werden mit viel Schmuck und einer originellen, außergewöhnlichen Tasche ruck-zuck ausgehfein.*

Mix it up!

3

" Trainingsanzug mal anders! Die vermeintliche Modesünde wird durch rockiges Styling zum absoluten Trendlook. Der tief sitzende Schritt macht's nochmal lässiger. "

Urban Chic

"Patches und Applikationen sind total angesagt! Du kannst sie auch einzeln kaufen und damit alte Jacken aufpeppen."

4

Glamour, Baby!

5

> *Da die Hose hier das absolute Statement-Piece ist, solltest du dazu lieber flache Schuhe wählen. So bekommt die Hose die Aufmerksamkeit, die ihr gebührt.*

6 Sporty Look

> Dieser Look ist, vor allem auch wegen des um die Hüfte gebundenen Hemds, sehr sportlich. Die Socken mit Spitze geben ihm eine feminine Note. Brüche machen ein Outfit immer interessant.

Waldspaziergang

Details im Army-Look

Untendrunter: Spitze

Angesagt: Quasten!

Lässig und gleichzeitig mädchenhaft: Boots mit floralem Muster

Office-Schönheit

8

„ *Richtig kombiniert darf die Jogginghose mittlerweile sogar mit ins Büro. Klassischere Kleidungsstücke, wie ein Nadelstreifen-Blazer, sind dann aber Pflicht.* "

Guter Stil*

von Andrea Instone

Jeden Tag ziehen wir uns an. Wir richten uns nach dem, was der Tag bringt und das Wetter verlangt. Wir kleiden uns für das Büro oder die Fete am Abend; auch für die Hochzeit der besten Freundin und das erste Date sind wir gerüstet. Ein geeignetes Outfit zu finden, scheint einfach und selbstverständlich, doch im Alltag tun wir uns oft schwer damit, das rundum Passende zu finden.

DENN KLEIDUNG VERMAG MEHR ALS UNS ZU WÄRMEN UND ZU SCHÜTZEN. Sie zeigt, ob wir uns präsentieren oder verstecken wollen. Sie ist Eintrittskarte oder Ausschlusskriterium, ist Freude oder Frust, ist Verkleidung oder Ausdruck unserer Persönlichkeit.

Oh ja →

> *Kleidung erzählt, wie wir uns selbst sehen, ob wir ein Gespür für Farbe und Form besitzen, ob wir uns wohlfühlen.*

Wir erwarten viel von dieser Hülle: Manchmal soll sie Makel verdecken (die meist keine sind), uns unwiderstehlich machen, unsere Kompetenz widerspiegeln – *sie soll all das aus uns machen, was wir uns wünschen. Das ist ein hoher Anspruch und oft stehen wir uns dabei selbst im Weg.* Weil wir zu kritisch mit unserem Äußeren sind. Weil wir uns keine modischen Experimente zutrauen. Weil wir uns von Instagram-Schönheiten, Hochglanzmodestrecken und Stilregeln einschränken lassen.

So ein Quatsch! →

> *Wir schauen in den Spiegel und sehen nur, was uns fehlt und nicht, was uns besonders macht und glauben, modische Stilsicherheit sei Pariserinnen und Moderedakteurinnen vorbehalten.*

Guter Stil, wahrlich guter Stil, ist nicht die Summe aus Trend und Figuroptimierung. Sondern eine Mischung aus Mode und persönlicher Geschichte, von altem Lieblingspulli und der gestern gekauften Lederröhre – ist Kleidung, die sich an Ihnen orientiert und in der Sie sich passend angezogen fühlen.

AUSSTRAHLUNG IST DAS SCHÖNSTE ACCESSOIRE!

Sie kennen sie sicherlich auch: diese Frauen, die toll aussehen, obwohl sie tragen, was ihnen nicht stehen dürfte. **Weil sie es konsequent tun, von sich überzeugt sind und zu ihren Körpern stehen – das schafft Attraktivität und Ausstrahlung.**

Selbstbewusstsein macht schön!

KLASSIKER – ZEITLOS, ELEGANT UND LEICHT ZU KOMBINIEREN

Nicht jede Frau möchte ihre Persönlichkeit durch Kleidung sichtbar machen. Auch sie kann guten Stil verkörpern: Mit Klassikern und Basics, die **figurunabhängig** ihrer Trägerin immer das Lob, gut und elegant gekleidet zu sein, einbringen. Wenn Sie dann noch auf Farben und Accessoires achten, die von Ihren Vorlieben erzählen, werden Sie tagtäglich gut gekleidet sein.

MODISCHE VIELFALT BRAUCHT STRUKTUR.

Für die Frau, die sich jeden Tag neu erfindet, die mit Mode spielt und sich nach Lust und Laune kleidet, bedeutet guter Stil etwas anderes: Sie will Vielfalt. Vielfalt an Formen und Farben, Vielfalt an Stilen und vor allem einen vollen Kleiderschrank. Wenn Sie diese Frau sind, so brauchen Sie einen roten Faden, ein verbindendes Element, um nicht verkleidet zu wirken. Das kann beispielsweise eine bestimmte Frisur sein oder auch eine bestimmte Farbpalette.

IHRE GARDEROBE MACHT SIE STARK FÜR DEN ALLTAG.

Ob Sie Puristin oder Prinzessin sind: **lernen Sie sich kennen und seien Sie ehrlich zu sich.** Sie wollen im Mittelpunkt stehen? Gern. Sie möchten in einer männlich dominierten Umgebung mithalten? **Was Sie auch vorhaben, sorgen Sie für eine Garderobe, die Sie dabei unterstützt.**

Dreißig Jahre habe ich mit Frauen gearbeitet und immer begegnete mir die Überzeugung, dass guter Stil Aufwand verlange und Zeit, die wir nicht haben. Deshalb bleiben viele lieber bei praktischen Outfits wie Jeans und Bluse.

Sie wissen es so gut wie ich: Ob ich in den Bleistiftrock oder die Jogginghose schlüpfe – beides dauert zehn Sekunden.

> **Gut angezogen zu sein bedeutet nicht automatisch Kleidung, die Sie in eine Form presst, die nicht Ihre ist oder Schuhe, mit denen Sie nicht über Pflastersteine laufen können. Guter Stil ist, was zu Ihnen und Ihrem Leben passt.**

*passt zu Ihnen und Ihrem Lebensstil

Etuikleider

Dieses Kleid ist seit Jahrzehnten nicht mehr wegzudenken aus den Kleiderschränken dieser Welt. Egal, ob Größe 34 oder 44: Jede Frau hat im Etuikleid eine Wahnsinns-Figur.
Du kannst sie sowohl tagsüber zum Beispiel im Büro tragen oder auch als eleganteres Outfit für den Abend. Die Kombi macht hier den Look! Wie es am besten funktioniert, siehst du auf den folgenden Seiten.

9 New Romance

„ Die floralen Stickereien sind in Kombination mit der Spitze wahnsinnig romantisch. Die Ankle-Boots und der Hut geben dem Outfit eine coolere Note. "

10 Female Business

Im Chanel-Stil

Strenge Hemdbluse

Aus femininem Samt

„ *Der Look ist gleichzeitig casual und elegant. Perfekt also, wenn du nach der Arbeit noch die Nacht zum Tag machen möchtest.* "

After Work Party

12 Optical Illusion

> Kleider mit Einsätzen wie hier sind wahre Figurschmeichler. Sie betonen weibliche Kurven und insbesondere die Taille.

13 Lady in Red

" Dieses Kleid ist gleichermaßen sehr elegant, doch auch sexy. Rote Spitze – so verführerisch. "

14 Brautjungfer

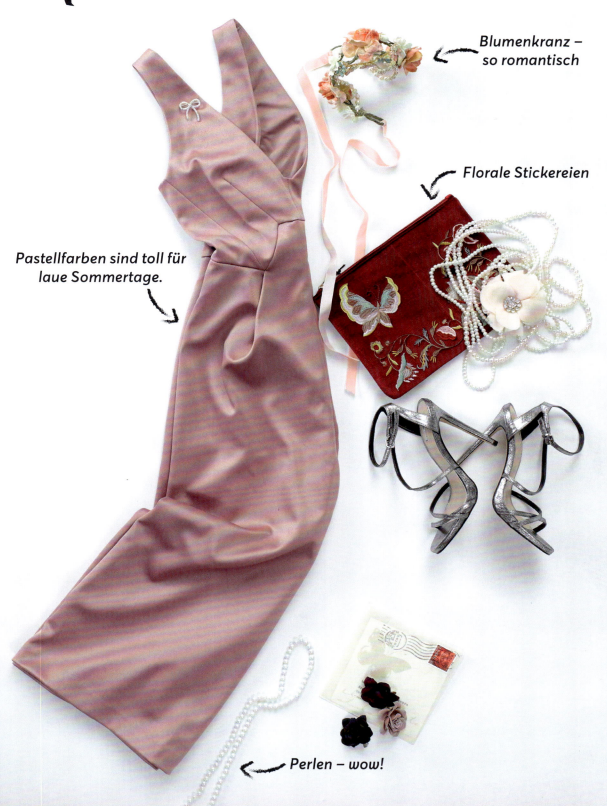

Blumenkranz – so romantisch

Florale Stickereien

Pastellfarben sind toll für laue Sommertage.

Perlen – wow!

27

Modern Geisha

"Je nach Styling kannst du aus Kleidern wie diesem hier entweder einen atemberaubenden Abendlook zaubern oder in ihm auch für den Alltag gut angezogen sein."

15

16 Kirschblüte

„ Zeig Taille im Etuikleid! Der breite, glitzernde Gürtel hat hier zweierlei Effekte: Er ist ein hervorragender Figurschmeichler und setzt das Outfit in Szene. "

Boyfriend-Hemden

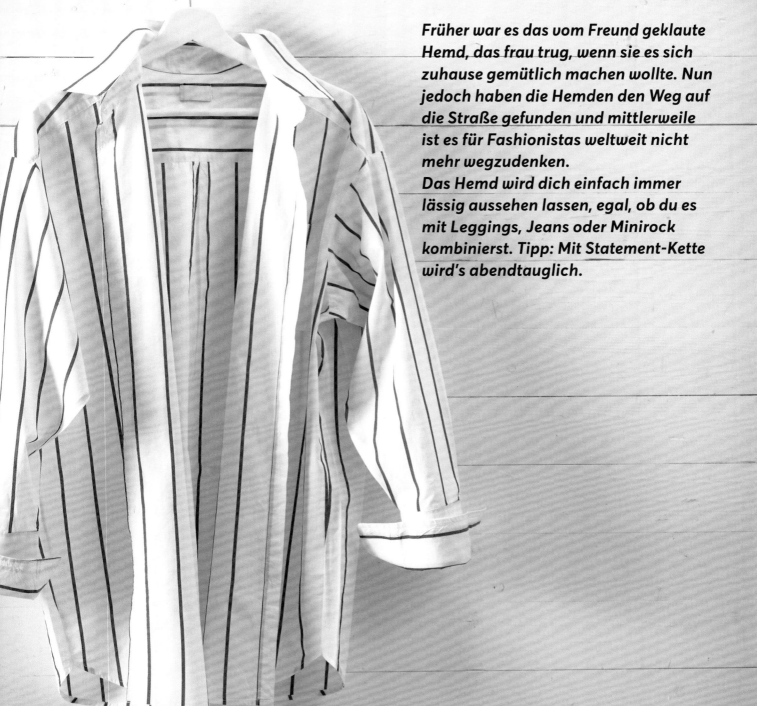

Früher war es das vom Freund geklaute Hemd, das frau trug, wenn sie es sich zuhause gemütlich machen wollte. Nun jedoch haben die Hemden den Weg auf die Straße gefunden und mittlerweile ist es für Fashionistas weltweit nicht mehr wegzudenken.

Das Hemd wird dich einfach immer lässig aussehen lassen, egal, ob du es mit Leggings, Jeans oder Minirock kombinierst. Tipp: Mit Statement-Kette wird's abendtauglich.

Tiger Woman

17

„ Boyfriend-Hemden, insbesondere solche, die oversize geschnitten sind, kannst Du getrost mit sehr femininen Kleidungsstücken kombinieren. "

18 Blue Velvet

> „Die vertikalen Streifen dieses Hemds sind in Kombination mit der dunklen Samthose ein echter Figurschmeichler. In diesem Outfit wirkt jede Frau groß und schmal."

19 Ein Hingucker

„ *Wenn die Hemden lang genug sind, kannst du sie auch als lässige Tunika ohne Hose tragen. Damit das Outfit nicht zu freizügig ist, das Hemd geschlossen tragen.* "

20 Flanell Love

" Möchtest du ein Boyfriend-Hemd mit einem Rock kombinieren? Dann stecke es, um deine Figur zu betonen, am besten in den Rock. "

21 Hip im Hemd

> „Klassische Hemden können schnell etwas spießig wirken. Zusammen mit lässigen Accessoires, Röcken oder Hosen, wie hier mit tiefem Schritt, sind sie jedoch total cool."

Chevron Stripes

„Jeanshemden sind in. Du kannst sie auf die unterschiedlichsten Arten kombinieren – die Möglichkeiten sind unendlich!"

22

Stilregeln*

von Andrea Instone

An dunklen Winter- und heißen Sommertagen kaufe ich sie: Frauenzeitschriften und Modemagazine. Sie versprechen mir die neue Mode auf 32 Seiten, wollen mich in die Kunst des perfekten Stylings einweihen und zeigen mir schöne Kleidung an schönen Frauen. Ich genieße diese Seiten und ihre Inszenierung von Kleidung und Alltag, genieße die Inspiration.

Oh ja →

> *Sie und ich, wir sind erwachsen und selbstbewusst genug, um uns nicht mit sechzehnjährigen Berufsschönheiten zu vergleichen, deren Hüften durch eine Katzenklappe gleiten könnten.*

Doch während wir überlegen, wo wir den Rock von Seite 11 finden, blättern wir weiter und finden uns umgeben von Ratgebern: *„Haben Sie breite Hüften? Vermeiden Sie den Rock, in den Sie sich vor zwei Minuten verliebten!" „Sind Sie üppig? Lassen Sie alles weit und sanft über sich hinwegwallen (schauen Sie auf Seite 142 – Diäten für Couchpotatoes)!"*
In deutlichen Worten erfahren Sie, wie Sie sich optimieren: Sind Sie klein, schrauben Sie sich hoch; sind Sie groß, so stehen Sie dazu, tragen aber besser flache Schuhe und achten auf einen femininen Stil. Zwischen den Zeilen wispert es: „Sonst klappt es mit den Männern nicht. Oder der Karriere. Los, arbeite an dir."

VIELE STILREGELN MACHEN DURCHAUS SINN.
Ihnen liegen *Logik und Geometrie* zugrunde. Ein Quadrat mit Querstreifen erscheint breiter als hoch; eines mit Längsstreifen länger als breit. Sie kennen die Spielereien mit geometrischen Körpern und Linien, die das Auge verwirren? Auf diesem Prinzip beruhen die Stilregeln.
Nehmen wir eine Frau mit ausgeprägt weiblichen Hüften: Betone und verbreitere ich die Schultern, erscheinen die Hüften schmaler. Doch hat diese Frau ein zartes, schmales Gesicht, stimmen die Proportionen erneut nicht. Entweder ich lasse mir für diese Dame eine andere Lösung einfallen oder ich rate ihr, jeden Morgen um 6:23 Uhr aufzustehen und sich füllige Locken zu drehen.

BLEIBEN SIE SICH TREU!
Als ich mit Anfang 20 Seminare zur Stilberatung besuchte, versprach ich mir Glück und Zufriedenheit. Ich stand vor meinen Kolleginnen und erfuhr, wie

ich meine mir bislang unbekannten Problemzonen ausgleichen könne. Als „zu dünn" ging ich hinein, als „Säule-Birnen-Mix ohne Äpfel" kam ich heraus. Glück und Zufriedenheit hatte ich mir anders vorgestellt.

> **Weshalb lernte ich hier nicht, mit meiner Figur zu leben und das Beste daraus zu machen, ohne mich in eine andere zu verwandeln? Wo blieb meine Persönlichkeit?**

Gute Frage

Je nach Schule füllte ich pseudopsychologische Fragebögen aus – „Hören Sie Mozart oder Motörhead?" – oder wurde anhand meiner Körperform und meines Farbtyps klassifiziert. Ich war sportlich-romantisch (Ich bin weder das Eine noch das Andere) oder streng-verspielt. Nach den Übungen sah ich aus, als sei ich entweder seit Jahrzehnten mit einem Mitglied des englischen Königshauses verheiratet oder wolle als rüschenbesetzte Pfadfinderin über die Aschenbahn flitzen. Ich fühlte mich unwohl und verstand die Begeisterung der anderen Teilnehmerinnen nicht.

NUTZEN SIE DIE REGELN, DOCH BLEIBEN SIE UNVERWECHSELBAR.
Sicherlich sahen einige Mitschülerinnen nun größer aus und ähnelten der angepeilten Sanduhrfigur, die Ideal dieser Beratungen ist. Doch oft sahen sie auch verkleidet aus. *Der Bauch war weg, die Unverwechselbarkeit ebenso.* Zwar predigten die Kursleiterinnen individuelle Schönheit, doch viel blieb nicht davon übrig.
Die seit Jahren überall zu lesenden Tipps zur Figuroptimierung kennen Sie sicherlich. Mein Favorit ist der Rat an Frauen mit viel Oberweite, immer Dekolleté zu zeigen, weil diese Partie das Schönste an ihnen sei. Ehrlich gesagt würde ich bei 10 Grad unter null einen warmen Rolli vorziehen und mich dabei schön fühlen dürfen.

> **Nutzen Sie die Regeln, wann und wo sie Ihnen nützlich erscheinen, aber lassen Sie sich nicht einschränken.**

Das Allerwichtigste

Machen nur Sie selbst!

Plissee-Röcke

Plissee-Röcke sind gleichzeitig funktional und fantastische Eyecatcher. Für manche sind sie vielleicht nicht das ideale Teil für lässige Alltagslooks, aber: Go for it! Egal, ob kurz oder lang: Falsch kombiniert machen die Röcke schnell alt und spießig – mit den richtigen Oberteilen und Schuhen jedoch sind coole, junge Street-Looks möglich.

Goldener Herbsttag

Stilbruch: Oversize Pulli

Coole Boots

23

Eleganter Plissee

Aufregendes Material

24 Frühlings-Date

Lässig mit Bomberjacke

Flache Espandrilles

Glänzender Satin

Flüssiges Silber

25

"Kleidung im Metallic-Look wirkt toll in Kombination mit matten Stücken. Tipp: Greif die Grundfarbe des Metalltons an anderer Stelle nochmal auf. Das Metallic-Grau spiegelt sich hier in der Bluse."

Plissee-Röcke gibt es in den Boutiquen gerade in allen Längen und Farben. Im Maxi-Look sorgt er für tolle Effekte und ist auch bei kälteren Temperaturen gut tragbar.

Mini, Midi, Maxi!

26

28 Sailor

Streifen und Punkte in Blau- und Weißtönen ergeben oft tolle maritime Looks! Und die kommen nie aus der Mode.

Figur und Charakter *

von Andrea Instone

Als Audrey Hepburn 1953 auf der Leinwand erschien, verliebte sich ein Millio-nenpublikum in sie; ‚A Roman Holiday' war kalkulierter Erfolg und Überra-schung zugleich. Audrey war zart gebaut, aber trainiert, besaß keine nen-nenswerte Oberweite und überragte einige ihrer möglichen Filmpartner. Eine große, schmale Frau ohne die üppige Weiblichkeit jener Jahre.

REGELN SIND DAZU DA, GEBROCHEN ZU WERDEN.
Schauen Sie sich den Film an, so sehen Sie, dass Kostümbildnerin Edith Head Audrey nicht nur der Rolle anpasste, sondern auch dem Geschmack der Zeit. Die Bluse ist locker geschnitten, der Busen durch die hochgerollten Ärmel auf gleicher Höhe betont und der Büstenhalter ausgestopft. Die Taille ist mit einem breiten Gürtel betont, der weite Rock in Falten gelegt und obwohl Gregory Peck groß war, trägt Audrey flache Schuhe. *Ein besseres Beispiel für Anwendung und Erfolg von Stilregeln gibt es kaum.*
Doch Audrey war nicht nur Star: sie wurde zur Stilikone, als sie mit Hubert de Givenchy zusammentraf. Er hüllte sie in enganliegende Kleider, ließ sie noch größer und zarter wirken. Givenchy verzichtete oft auf die empfohlenen Stoffmengen, die sich um schmale Frauen zu bauschen hätten. Audrey als Stilikone ist das beste Beispiel für das erfolgreiche Ignorieren der Regeln. Ihre Regel war:

> **Kleidung spiegelt die Persönlichkeit und lenkt den Blick zum Gesicht.**

Tolle Faustregel!

DEFINIEREN SIE IHRE EIGENE FORM VON WEIBLICHKEIT.
Ein anderes Beispiel ist Marilyn Monroe, die auf Sexiness und Zeitgeschmack setzte. Auch Marilyn war zart gebaut, aber kurvig und üppig an Hüfte, Bauch und Busen mit eher kurzen Beinen – nicht ohne Grund sagte sie: *„Gib einem Mädchen die richtigen Schuhe und sie kann die ganze Welt erobern."* Sie meinte keine Wanderstiefel, sondern Stilettos, die ihre Beine streckten und zur „Göt-terspeise auf zwei Beinen" machten. Ihre Röcke und Kleider waren eng, doch erstaunlich ruhig und schlicht; es war ihr Körper, der aus einer Jeans einen Hingucker und aus einem Kostüm eine Sünde machte. Bei Marilyn sehen wir eine Mischung aus Einhalten und Übertreten der Stilregeln.

SCHÖNHEIT EXISTIERT IN ALLEN FORMEN, FARBEN UND GRÖSSEN.
Audrey und Marilyn gelten beide bis heute als Schönheiten und Stilikonen, obwohl sie unterschiedlicher nicht sein könnten. Stellen wir Marlene Dietrich, Twiggy und Katherine Hepburn dazu, so sehen wir Frauen, die verschiedene Seiten von Weiblichkeit präsentieren. Nicht nur können wir uns ein Vorbild wählen, das uns optisch oder charakterlich ähnelt, wir erkennen auch: *Schönheit kommt nicht in nur einer Form.*

> *Schönheit ist vielfältig, bunt und facettenreich; sie entsteht aus dem Unperfekten und dem Individuellen.*

Niemals vergessen

Bei anderen Frauen sehen wir das, beim Blick in den Spiegel scheitern wir oft. Doch wenn Schönheit so unterschiedlich auftritt, weshalb sollten wir uns angleichen wollen? Warum runde Pos und kleine Busen verbergen? *Wieso nur ein Bild von Schönheit zulassen?*

INSZENIEREN SIE SICH UND IHRE VORZÜGE!
Haben Sie einmal darüber nachgedacht, an welchen Punkten Ihre Vorstellung von Attraktivität abweicht von dem propagierten Ideal der schlanken Sanduhrfigur mittlerer Größe? Und ob diese Vorstellung mit Ihrer Figur übereinstimmt? Ich habe über die Jahre erlebt, dass Frauen ein Körperteil an sich mochten, es aber nicht in Szene setzten, weil es dem Ideal nicht entsprach. „Eigentlich mag ich meine Beine; die sind straff und toll geformt. Aber zu kurz und viel zu kräftig – da kann ich einen engen Rock und auch flache Schuhe nicht tragen …"
Das können Sie doch! Es gibt sicher einen Weg, toll in der gewünschten Kleidung auszusehen und das zu betonen, was Sie lieben. Sie erreichen das beispielsweise über die Farben und den Stil, die zu Ihrer Persönlichkeit passen. Mit Selbstbewusstsein und einem *„Jetzt erst recht"* wie bei Audrey. Oder mit einem Trick aus dem Stilregelkatalog, der einen Kontrapunkt setzt, wie es Marilyn tat.

ENTDECKEN SIE IHREN EIGENEN STIL.
Natürlich gibt es Kleidung, die unvorteilhaft ist: Eine zu enge Bluse, deren Knöpfe sich am letzten Fädchen mühsam halten oder Farben, die Ihnen jede Ausstrahlung rauben. Aber viel häufiger scheitern wir an uns, unserer strengen Selbstkritik und dem Gefühl, ständig als die optimale Version unserer Selbst erscheinen zu müssen.

> *Doch zwischen Selbstoptimierung und schlimmem Fehlgriff liegt ein weites Feld, in dem Sie sich austoben und ausprobieren können.*

Einfach mal machen!

Lassen Sie sich nicht einschränken!

Statement-Schmuck

Statement-Schmuck ist schon länger modern und wird es wohl auch noch eine Weile bleiben. Wenn du ein schlichtes Outfit aufpeppen möchtest, geht das am schnellsten und einfachsten mit coolem Statement-schmuck. Selbst ein langweiliger Jeans-und-T-Shirt-Look wird durch auffälligen Schmuck zum absoluten Hingucker. Doch hier gilt ausnahmsweise: Weniger ist mehr! Es braucht nicht viel zum Wow-Effekt.

Grey and Black

29

"Wenn du deinen Statement-Schmuck in Szene setzen möchtest, sollte das rechtliche Outfit etwas zurücktreten. Hier sind es die eher unauffälligen Farben, die dem Schmuck die Aufmerksamkeiten zukommen lassen, die ihm gebührt."

Glänzender Auftritt

30

„ Glitzernde High-Heels nehmen die Optik des Schmucks auf und runden das Outfit ab. "

Der erste warme Tag

„Wenn du deinen Schmuck mit einer Bluse kombinierst, dann trage ihn unbedingt über der Bluse und unter dem Kragen."

31

32

She's a star!

Insbesondere Outfits ganz in schwarz lenken jede Aufmerksamkeit auf deinen Schmuck. Besonders stimmig wird es, wenn du einzelne Elemente wieder aufgreifst.

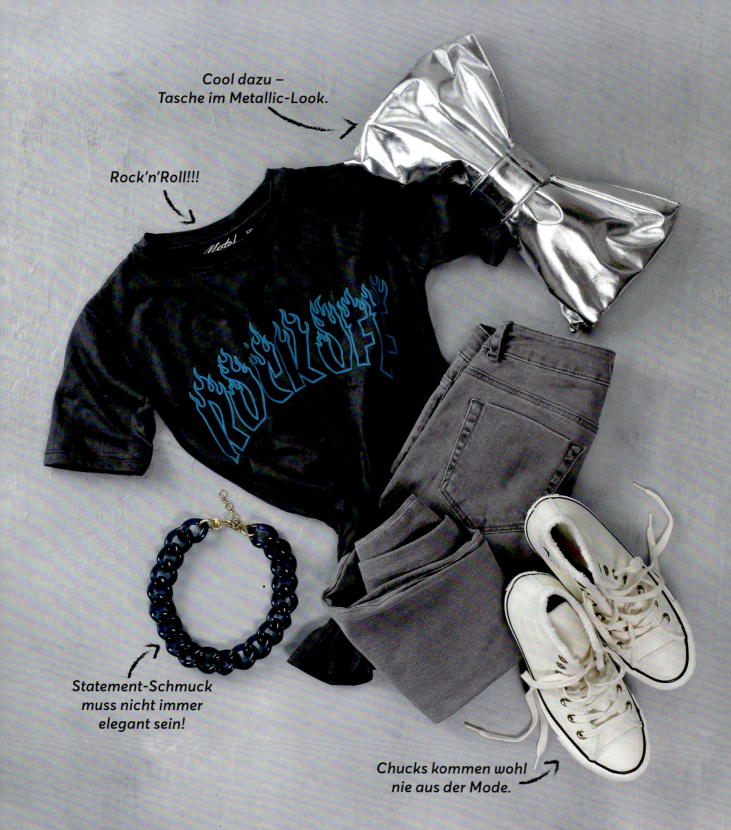

Cool dazu – Tasche im Metallic-Look.

Rock'n'Roll!!!

Statement-Schmuck muss nicht immer elegant sein!

Chucks kommen wohl nie aus der Mode.

33 Cool Rockabilly

Klassisch aufregend

> "Ein zeitloses Outfit, das ohne den Schmuck ziemlich langweilig wäre. Schmuck hat das Potential, ein Outfit komplett zu verändern."

34

Image und Persönlichkeit*

von Andrea Instone

Ein Minirock zu hohen Stiefeln. Kittelschürze und Hausschuhe. Pinkes Rüschenkleid an Blondine. Sehen Sie die Bilder vor sich? Haben Sie eine Idee von den Frauen, die darin stecken? Pretty Woman, Oma beim Hausputz und Barbie?

Klar!

> **Viele Outfits haben ein Image oder bedienen Klischees und überdecken damit die Trägerin, die – absichtlich oder unwissentlich – mit dieser Aussage spielt.**

IHR OUTFIT MUSS ZU IHNEN PASSEN, NICHT SIE ZU IHREM OUTFIT!
Manchmal zeigt ein Outfit, was sich die Trägerin wünscht und nicht, was sie hat und wer sie ist. Manchmal nützt das angezogene Image und manchmal schadet es. Manchmal passt das Image zur Umgebung, aber nicht zur Person, manchmal ist es umgekehrt.

Stellen Sie sich einen Fregattenkapitän in seiner Marineuniform vor, die er seit Jahrzehnten trägt und die für ihn Ausdruck nicht nur seiner Stellung, sondern seiner Persönlichkeit ist. Gönnen wir eben diesem Mann einen Urlaub und schicken ihn auf die Alm. Da steht er nun zwischen Gasthaus und Kuhweide und trägt seine Uniform. Vermutlich beobachten ihn Kinder mit großen Augen und andere ältere Herren schütteln missbilligend den Kopf – hier passt er nicht her, so ohne Schiff und Meer. Doch da er seine zweite Haut trägt, stören ihn die Blicke und Tuscheleien nicht zu arg; er ist in Übereinstimmung mit seinem Wesen gekleidet.

Vielleicht ist es seine Gattin, die ihn herzlich bittet, endlich einmal seine Arbeit zu vergessen und sich zu entspannen. Doch während sie sich den Gemahl in Jeans und kariertem Hemd wünschen mag, verstand er ihren Wunsch falsch und besorgte sich was? Natürlich einen Uniformersatz: Er kommt gar zünftig mit Lederhosen und Gamsbart um die Ecke. Nun schauen noch mehr Leute mit Überraschung und Verwunderung auf ihn. Sein Gang, seine Haltung, sein ganzes Sein rufen Seefahrt; ständig zupft er an den Hosenträgern und fühlt sich mit nackten Knien wie ein Schuljunge. Zudem trägt außer ihm niemand Tracht in diesem Dorf – er wollte sich einfügen und sticht in jeder Hinsicht heraus. Genau deswegen verliert er nun seine Selbstsicherheit: *Inneres und Äußeres passen hier noch weniger zusammen als Äußeres und Umgebung.*

NICHTS MACHT SO SELBSTBEWUSST WIE EIN LOOK, DER IN EINKLANG MIT DER PERSÖNLICHKEIT IST.

Um die Anerkennung unserer Umwelt zu erhalten, passen wir uns Anlass und Ort an. Das sind die beiden Pole, zwischen denen wir uns bewegen. Je nachdem, ob Kritik in Form von Blicken oder Sprüchen uns verletzt oder an uns abprallt, neigen wir vielleicht zur Übertreibung in eine der beiden Richtungen.

> *Für ein selbstbewusstes Auftreten kleiden wir uns in Übereinstimmung mit unserer Persönlichkeit.*

Merk ich mir.

Die Versicherungsvertreterin mit grünem Haar im Latexkleid ist vermutlich ebenso erfolgreich wie ihr Kollege, der ihr in seiner Spießermontur im sonnigen Beige gegenüber sitzt. Von der einen erfahren wir zu viel, von dem anderem zu wenig, um Vertrauen zu empfinden. Wer sich zu sehr vom Üblichen, von unseren Erwartungen entfernt, ist uns suspekt. Wer unsere Erwartungen zu sehr erfüllt und jeglichen Individualismus vermissen lässt, ist uns nicht sympathischer.

SICH GELTENDEN KONVENTIONEN ANPASSEN UND DABEI SEINEM EIGENEN STIL TREU BLEIBEN – DAS IST DIE GROSSE KUNST.

Was also tun? Zum einen können wir darauf verzichten, Schubladen zu schnell zu öffnen und zu schließen und uns selbst wie auch anderen mehr Toleranz zubilligen. Und zum anderen tun, was wir immer tun: einen goldenen Mittelweg finden und auf den eigenen guten Stil setzen.

Bleib dir treu!

> *Guter Stil ist immer auch Anpassung an Konventionen; ein eigener Stil jedoch interpretiert diese Konventionen neu.*

Arbeite ich in einem gediegenen Umfeld, so ist die Kombination von schmaler Hose mit Blazer nicht originell, doch gern gesehen und geschmackvoll. Tausche ich die schmale Hose gegen enge Lederleggins und den Blazer gegen ein tailliertes Jackett, *interpretiere ich die Konventionen neu, ohne mit ihnen zu brechen.*
Ebenso kann ich meinen persönlichen Geschmack dem konventionellen anpassen: Liebe ich Einhörner, dann wirkt eine feine Kette mit einem Einhornanhänger souveräner als der Sweater mit Aufdruck – meiner Vorliebe für verspielte Träumerei habe ich dennoch Ausdruck verliehen.

> *Es sind Details, die das Übliche zum Eigenen, das Eigene zum Besonderen machen können.*

*Sind die Grössen, die Ihren Stil am stärksten prägen sollten.

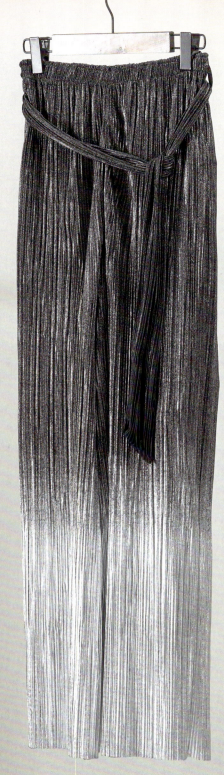

Marlene-Hosen

Klar, wir alle lieben unsere Skinnyjeans. Deshalb mögen weite Marlene-Hosen manch einer vielleicht sehr ungewohnt vorkommen. Doch sie sind einen Versuch wert, da sie eine tolle Silhouette formen und insbesondere in Kombination mit dem richtigen Schuh den Effekt endloser Beine erzeugen. Wie immer gilt: Ausprobieren! Am Ende wird die Hose vielleicht zum neuen Liebling deines Kleiderschranks ...

Powerfran

„Zeige unbedingt deine Taille in Marlenehosen! Oversize-Oberteile sind hier fehl am Platz. Ein Gürtel betont die Taille zusätzlich."

35

70s disco princess

36

> Fransen, Samt, Plissee, Lamé ... – ein wilder Materialmix! Derlei Kombinationen sind zwar gewagt doch dafür auch außergewöhnlich schön.

37 Boho-Chic

„ Bei sehr langen Marlenehosen sind hohe Schuhe Pflicht. Auf keinen Fall darf der Saum auf dem Boden schleifen. "

38 Materialmix

„Die gerade sehr angesagten 7/8-Hosen verkürzen die Beine oft optisch ein wenig. Kombiniere sie also unbedingt mit hohen Schuhen."

39 Army Green

> Das Karo-Muster der Hose erinnert hier an Herrenmode. Durch die feminine Bluse erfährt das Outfit einen interessanten Bruch.

Bordeaux my love

40

" *Samt ist in! Der Effekt, den die Textur der Schuhe erzeugt, ist fantastisch zu der Marlenehose in 7/8-Länge.* "

Bomber-Jacken

Ob klassisch, mit Prints, in Leder, Neopren oder in Pailletten-Optik – jeder, der aktuell modisch mithalten möchte, setzt auf Bomber-Jacken.
Universelle Vorgaben, wie du sie tragen solltest, gibt es nicht. Sie können sowohl chic und etwas elegant als auch lässig kombiniert werden. Die Jacken sind also der perfekte Fashion-Allrounder und passen zu fast jedem Anlass.

41 Nerdy Glamour

„ *Die paillettenbesetzte Jacke ist der absolute Star dieses Looks! Solche Statement-Pieces solltest du eher mit Basics kombinieren.* "

Day to evening

42

„ Zeit für einen Mädelsabend! Ein fantastisches Outfit für Büro und After-Work-Club. "

Urban Warrior

43

> Die Bomberjacke im Military-Look brichst du am besten durch Unerwartet-Weibliches, wie hier z.B. Lurex und Plissee.

44 Street Look

Die Kombination unterschiedlicher Materialien und Texturen macht ein Outfit immer interessant! Hier sind es der teilweise transparente Oberstoff des Rocks und der Satin der Jacke.

Tanzen im Regen

45

„ *Gummistiefel? Gummistiefel! Setze die vermeintliche Modesünde in einen neuen, modernen und femininen Kontext. So entstehen aufregende Looks mit Wow-Effekt.* "

Fashion gangster

46

Satin ganz weiblich

Hotpants als feminines Statement

Derbe Schuhe als Stilbruch

47 Raindrops

" Mädels greifen am besten zu Bomberjacken aus Materialien wie Samt oder Satin, da diese jedem Outfit eine elegante, frauliche Note geben. "

48 Yellow Submarine

" *Ein ungewöhnlicher Look für die Freizeit. Die Bluse mit Blumenprint verleiht dem Outfit einen Hippie-Touch.* "

Komfort*

von Andrea Instone

> „Lässig? Gern. Aber nachlässig – niemals!"

so sprach die alte Dame, geboren anno 1900. Sie war in ihren 90ern, gebildet, lebhaft und anziehend. Während ihrer Schönheitsbehandlungen zog sie ein Gespräch dem Schweigen vor. Ein Glück für mich, denn sie war ein Quell an Witz, Erfahrung und Geschichten. Erst vor wenigen Jahren hatte sie ihre Boutique aufgegeben und Mode und Stil waren ihre Lieblingsthemen. Sie gönnte sich eine Farbberatung und sprudelte dabei über: *„Weshalb nur neigen Frauen zu Extremen, wenn es um ihr Äußeres geht? Können Sie mir das mal erklären? Die eine quetscht sich in Korsetts und unbequeme Hosen und die andere zieht den Schlafanzug nie aus! Verstehen Sie das? Es muss doch nicht steif oder schlampig sein!"*

Die weiss Bescheid!

Das ist zwanzig Jahre her und seitdem scheint sich nicht vieles geändert zu haben. Fast bin ich der Meinung, es habe sich verschlimmert: Das Angebot an stark formender Unterwäsche und die Selbstverständlichkeit, mit der sie in Frauenmagazinen und Stylingshows zum Einsatz kommt, hat zugenommen. Zwar trägt sie sich angenehmer als noch die Korsetts unserer Urgroßmütter, aber bequem ist anders.

IHR GEWÜNSCHTER STIL DARF SIE NICHT EINENGEN – IN JEDER HINSICHT.
Sicherlich: Wenn mich mein Bäuchlein stört oder ich für einen besonderen Anlass besonders gut aussehen will, bin ich froh über dieses Angebot. Aber im Alltag? Bei mir zumindest kommt die Botschaft an, ich sei nicht gut genug wie ich bin und habe zudem die Pflicht, sexy zu sein. Egal, wie alt ich sein mag. Und deswegen, so die Botschaft, soll ich leiden in der sich rollenden Shapewear und dem quetschenden Unterkleid. Als ob das Älterwerden nicht anstrengend genug wäre, trete ich ab 40 nur noch in formenden Hemdchen und Beinlingen, bedeckt von langärmeligen Oberteilen, weiten Hosen und einem taillierten Mantel vor die Tür, um dem Anspruch an straff und sexy zu genügen. ***Wollen wir das?***

Nicht wirklich ...

MIT IHREM LOOK GEBEN SIE EIN STATEMENT ÜBER SICH SELBST AB.

Die Alternative scheint für manche Frauen die Verweigerung zu sein: Eine ausgebeulte Jogginghose, ausgelatschte Turnschuhe und ein Herrenpulli aus den 80ern sind ein Statement. Leider eines, das mehr von fehlender Eigenliebe als von modischer Emanzipation erzählt. Mich macht ein solcher Anblick traurig; ich möchte hinübereilen und die Frau abwechselnd schütteln und umarmen. Ja, es gibt Tage, an denen allein solche Kleidung Trost und Schutz bietet, aber wer tagtäglich so vor die Türe tritt, löst beim Betrachter Vermutungen über den Seelenzustand aus. ***Und so sind wir – wieder einmal – beim goldenen Mittelweg.***

DIE RICHTIGE KLEIDUNG LÄSST SIE SIE SELBST SEIN.

Muss Kleidung, die uns schön macht, zwangsläufig formend und pushend sein? Kommt sie unbedingt auf hohen Schuhen daher? In den Drogeriemärkten finden wir alle mögliche Polster und Pflaster für geschundene Füße: Einlagen für High Heels, für Partynächte Raspeln gegen Hornhaut. Alles, um Schmerz und Schaden erträglich zu machen.

← Wozu?

> ***Doch meist steht das Leiden in keinem Verhältnis zur erreichbaren Schönheit.***

Wir neigen viel zu oft dazu, Unbequemes, uns einengendes und einschränkendes in Kauf zu nehmen. Viele schlüpfen dann am Tagesende aus dem rasanten Kostüm sofort in den bequemen Schlafanzug – als hätten wir uns nach einem harten Kampf um optimale Selbstdarstellung etwas Freiheit und Wärme verdient.

WENN SIE SICH IN IHRER KLEIDUNG WOHLFÜHLEN, STRAHLEN SIE DAS AUS.

Irgendwann, mit fortschreitendem Alter und absinkendem Gewebe, kam ich darauf, dass mir viele meiner Kleidungsstücke nicht gut taten. Ich habe rigoros ausgemistet und alles entfernt, was mich einengt und alles entsorgt, was mich schlapp macht. Nach wie vor trage ich gern hohe Schuhe, enge Hosen und schöne Wäsche – *aber bei der Auswahl achte ich viel mehr als früher darauf, dass ich darin alles machen kann: sitzen, stehen, rennen, liegen, ausgehen, zu Hause bleiben.*

Mach ich auch!

> ***Seitdem ich die Kleidung, die mich formte, stützte und festhielt, verlassen habe, fühle ich mich in meiner Haut von morgens bis abends wohl.***

Weil nichts mehr quetscht oder rutscht, habe ich sehr viel Komfort dazu gewonnen. Stellen Sie sich vor dem Spiegel nicht nur die Frage: *„Steht mir das?"*, sondern spüren Sie genau nach, ob Sie sich in dem Teil jederzeit und überall wohl fühlen werden.

*Faustregel: Bequem aber nicht liederlich.

Bademode

6 Tipps zum Shoppen von Bademode:

1. Kenne deinen Figurtyp.
2. Such dir ein geeignetes Geschäft – zum Beispiel spezialisierte Boutiquen.
3. Wähle die richtigen Farben und Materialien: Deine Vorzüge betonst du mit Farben und Mustern, kleinere Makel lassen sich mit einfarbigen, eher dunklen Nuancen überspielen.
4. Das Allerwichtigste für perfekt sitzende Bademode, in der du dich wohl fühlst: Der Schnitt! Finde heraus, welche Schnitte dir stehen.
5. Such dir einen Bikini oder Badeanzug, der zu dem passt, was du vorhast: Ein knapper Triangel-Bikini zum Beispiel ist beim Beachvolleyball fehl am Platz.
6. Es ist keine Schande, in einem Fachgeschäft um Hilfe zu bitten! Die Fachkräfte vor Ort wissen, wovon sie reden und stehen dir mit Rat und Tat zur Seite.

50 Hello Sunshine

„ Die Hose dieses Bikinis ist etwas höher geschnitten und kaschiert deshalb einen kleinen Bauch. "

Dangerous Bondgirl
51

> Der raffinierte Einteiler akzentuiert eine schmale Taille. Gemixt mit Fransen und Animalprint bist du der Star am Strand.

52 Beach Babe

> *Eine große Tasche für alles, was man am Strand so braucht, ist nicht nur funktional sondern auch ein tolles Statement, das zum Look passt.*

53 Have fun!

„ Badeanzüge sind wieder total angesagt, viele Frauen fühlen sich in ihnen sehr viel wohler. Probiere also mal unterschiedliche Badeanzüge an und erlebe, welcher dir am besten steht. "

54 Ab ans Meer

„ *Ein Kaftan ist ein toller Begleiter für den Strand: Er schützt vor der Sonne, ist modisch und erlaubt es dir, mal eben zum Beispiel ins Eiscafé zu gehen, ohne zu viel preiszugeben.* "

„ Hight-Waist-Bikinis, also Bikinis mit einer höher-
sitzenden Hose trug man vor allem in den 50ern,
sind aber aktuell wieder total angesagt und ideal
für kurvige Frauen. "

Die richtigen Farben*

von Andrea Instone

Sie haben es bemerkt: Ich weigere mich, Sie mit ultimativen Tipps, Regeln oder Anleitungen einzudecken. Doch einen Rat gebe ich Ihnen: *Machen Sie etwas aus sich und Ihrem Äußeren.*
Nicht, weil Umwelt und Gesellschaft es erwarten, Frauen schön sein sollten oder Sie es bitter nötig hätten. *Sondern weil es Ihnen gut tut.*

> *Weil wir uns alle nach Schönheit sehnen. Weil Sie über Humor, Verstand, Wärme und Menschlichkeit besitzen, die wir anderen sehen dürfen.*

Natürlich meine ich nicht, Sie müssten sich jeden Tag aufbrezeln, dürften ohne Make-up das Haus nicht verlassen oder sollten jedes Haar an seinem Platz fest zementieren – noch mehr Stress und Druck brauchen Sie nicht. *Aber leuchten – das sollen Sie.*

Schön gesagt →

DER SCHNELLSTE UND SICHERSTE WEG ZU AUSSTRAHLUNG IST FARBE.
Ja, Farben sind mein Lieblingsthema. Als ich in den 90ern die Farbberatung entdeckte, war ich sofort überzeugt. Und das, obwohl meine eigene Beratung weder freundlich noch wohlmeinend war: Meine damalige Chefin nutzte jede Gelegenheit, um meine Kollegin und mich vorzuführen und abzukanzeln. Mit großer Wonne erklärte sie mir, dass ich die falschen Farben trüge; wie ausgespuckt sähe ich aus und das könne ich mir wahrlich nicht leisten. Sie zerrte mich vor den die Wand einnehmenden, hell beleuchteten Spiegel und warf mir Tuch um Tuch um. Mein Glück war, dass sie wusste, wovon sie sprach und ich sah, was die unterschiedlichen Töne mit meinem Gesicht taten. Es erschienen Rötungen auf der Wange und Schatten unter den Augen; meine Kontur rutschte nach oben, nach unten und zur Seite – all das geschah, wenn die Farbe mir nicht wohlgesonnen war. Nach wenigen Tüchern war mir schleierhaft, weshalb mir das nie aufgefallen war. *Die richtigen Nuancen zeigten mir mein Gesicht so, wie ich mich selbst sah – nur strahlender und hübscher.*

Ausprobieren!

Ich stürzte mich auf Lehrmaterial, besuchte Seminare und Kurse und war fasziniert von dem, was im Gesicht der Kundin zu erleben war:

> *Wie ein Teint entweder rosig oder müde wirkt, wie sich Fältchen in freundlich erzählte Jahre oder in tiefe Gräben verwandeln – alles eine Frage der richtigen oder falschen Farbe.*

WENN SIE WISSEN, WELCHE FARBEN IHNEN STEHEN, GELINGT DAS OUTFIT VON SELBST.

Wir hier sind alle ein genetischer Mix, etwa aus flämischer Kaufmannstochter und mongolischem Reiter. Sie haben eine bunte Mischung aus Charakter, Talenten und Farben mitbekommen. Und diese Farben – kühl oder warm, gedämpft oder klar – ändern sich nicht. Tragen Sie Töne derselben Familie, so entsteht Harmonie, die Sie zum Leuchten bringt. **Nun sind die eigenen Farben weniger ausgeprägt als die Farben im Malkasten und selten auf den ersten Blick erkennbar**; die Dienste einer guten Beraterin in Anspruch zu nehmen ist also sinnvoll.

> *Haben Sie Ihre Farben gefunden, so besitzen Sie den Schlüssel zum geheimen Garten, in dem Stil und gutes Aussehen von alleine gedeihen.*

~Aufregend ...

DIE RICHTIGE FARBE UNTERSTREICHT DIE WIRKUNG EINES PERFEKT SITZENDEN KLEIDUNGSSTÜCKS.

Gehören Sie zu den Frauen, die (noch) nicht nähen und stricken, dann kennen Sie den Umkleidekabinenfrust: Mäntel, Kleider und Blusen, die am Busen spannen, in der Schulter zu weit und in der Hüfte zu eng sind. Natürlich ist es unmöglich, Kleidung zu fertigen, die allen Frauen gleichermaßen passt und viele Passformprobleme bemerken wir kaum, so **alltäglich** sind sie. Den entscheidenden Unterschied aber macht die Farbe: Ist der Blazer mit der besten Passform in Schlammbraun, wenn Ihnen Blautöne stehen, so werden Sie sich in ihm nie so wohl fühlen wie in dem tintenblauen, der vielleicht etwas weniger gut sitzt. Der braune Blazer betont Ihre Figur aufs Beste und so wird jeder auf Ihren Busen in Schlammbraun schauen. Der blaue hingegen bringt nicht nur Ihre Gestalt, sondern auch Ihr Gesicht zur Geltung – im Gespräch ist das viel angenehmer …

FARBEN SIND MAGISCH UND DAS WAHRE GEHEIMNIS ZU ALLERBESTEM STIL.

Es kribbelt mir in den Fingern, Sie mit Tipps einzudecken, woran Sie Ihre Zauberfarben erkennen. Aber finge ich an, so bräuchte ich hunderte an Seiten. **Testen Sie, spielen Sie, lassen Sie sich beraten. Es lohnt sich.**

* *Von ihnen hängt so viel ab.*

Jumpsuits

Genau wie bei Kleidern gilt bei Jumpsuits auch: „One and done." Du ziehst ein Kleidungsstück an und dein Outfit ist quasi fertig. Die sogenannten „One Pieces" sind superangesagt!

Ganz besonders wichtig ist bei Jumpsuits die richtige Passform: Er darf weder zu eng noch zu weit sein. Sitzt er zu eng, so siehst du schnell aus wie Cat Woman, ist er wiederum zu groß, geht deine Figur unter und du wirkst maskulin. Betone in Jumpsuits also immer deine Taille, zum Beispiel auch mit einem Gürtel. So wird eine tolle Sanduhr-Figur geformt.

57 Subtil sexy

" *Dieser fantastische, aber doch recht freizügige Jumpsuit wurde hier durch das Shirt mit hohem Ausschnitt etwas entschärft.* "

Der Dschungel ruft

58

"*Hosen mit Latz sind gerade total angesagt und toll für Frauen, die sich selbst nicht zu ernst nehmen. Kombiniere die Trendteile cool und lässig für jugendliche, frische Looks.*"

Grossstadtamazone

Ideal für „Sanduhr"-Figuren

Betont eine schmale Taille

Alle Accessoires in Nude und Gold

Heels zaubern Endlos-Beine

59

60 Glam inside!

> *Dieser Jumpsuit muss unbedingt feminin kombiniert werden. Pailletten-Top und Keilabsätze sind eine ideale Ergänzung.*

61 Coco Chanel

Der schmale Gürtel betont die Taille.

Casual: Sneakers

Auch in großen Größen sehr chic

Trends und Klassiker *

von Andrea Instone

All diese Listen, Sie kennen sie:
Der unvergleichliche Stil der Pariserin
Zehn Basics, die in keinem Kleiderschrank fehlen dürfen
Klassiker fürs Büro

← Zur Genüge!!!

Alles tausendmal gehört, tausendmal gelesen und dennoch haben solche Artikel noch immer ihren festen Platz in Modezeitschriften. Sie kennen es auswendig:

Sie brauchen einen Trenchcoat, eine schwarze Lederjacke, eine Jeansjacke, einen schwarzen Bleistiftrock, eine weiße Hemdbluse, eine perfekt sitzende Jeans, das kleine Schwarze, einen blauen Anzug, ein gestreiftes T-Shirt, einen grauen Rolli, ein Paar Loafer, schwarze Pumps und wenigstens eine Tasche, die einen Namen trägt.

Et voilà: Rund um die Uhr sind Sie immer und überall perfekt gekleidet. Beim Kauf haben Sie selbstverständlich auf Qualität geachtet; noch in zwanzig Jahren leuchtet die Bluse im strahlendsten Weiß. Dazu noch die edle Uhr, der man ihren Preis nicht ansieht, makellos-unsichtbares Make-up mit roten Lippen, der Haarschnitt alle vierzehn Tage und der Hauch von Parfum, der sie umhüllt. So einfach geht es.

Sie haben einen Einwand? Schwarz und Weiß kleiden Sie nicht? Das geht den meisten von uns so, mit einer neuen Haarfarbe und einem sorgfältigeren Make-up klappt es sicher, arbeiten Sie an sich. Sie fühlen sich in einem Trench verkleidet? Oder finden diese Liste zwar hübsch, aber langweilig? Ansprüche und Wünsche haben Sie? **Wunderbar, großartig, weiter so!**

> **Sie sind einzigartig! Kreieren Sie Ihre eigenen Must-Haves.**

Nun gibt es diese Liste mit Klassikern und Basics nicht ohne Grund: Auf ihr stehen Kleidungsstücke, die zum einen den Bedarf einer gemäßigten Klimazone abdecken und zum anderen unabhängig von Figur und Alter der Trägerin funktionieren – **weil in den meisten Fällen das Outfit der Hauptakteur ist, hinter dem die Frau zurücksteht und sich anpasst.** Sie können diese Liste übernehmen, wie sie ist und so mit den Menschen um sie herum verschmelzen.

← Will ich das?

Oder Sie nutzen sie als *Inspiration*, als Grundlage für Ihre eigenen Basics und Must-haves. Aus dem Trenchcoat wird der Parka für trübe Tage. Statt des kleinen Schwarzen ziehen Sie ein kleines Rotes an und aus der gut sitzenden Jeans wird die blaue Stretchröhre – Sie allein wissen, was Sie tagtäglich brauchen und mögen. Vielleicht sind es diese immer genannten Klassiker, vielleicht ist es kein einziger davon.

> *Nun hat unsere Hülle auch mit unserem Image zu tun und den meisten von uns ist es zumindest nicht unwichtig, wie unsere Umgebung uns wahrnimmt.*

Das in Modetexten zuhauf genutzte „sexy" steht auf unserer eigenen Liste sicherlich weit unten, aber als attraktiv und sympathisch, als wiedererkennbar und stilvoll möchten wir doch gespeichert sein.

TRAGEN SIE, WAS SIE AN SICH MÖGEN, NICHT IHR UMFELD!

In meinem eigenen Schrank finden sich enge Hosen und Jeans en masse. Wahrscheinlich nicht nur, weil ich mich in ihnen wohl fühle, sie zu fast allem tragen kann und jede Bewegung darin möglich ist, sondern auch, weil Freundinnen wie Bekannte es gerne an mir sehen, mich loben und mir schmeicheln. In meinen Ohren klingt es eben auch schöner, wenn von *langen Beinen* die Rede ist anstatt von *breiten Hüften* oder *kleinem Bäuchlein*.
Genauso finden sich in Ihrer Garderobe vielleicht mehrere Blazer oder einiges in Smaragdgrün; Ihre Umwelt reagierte positiv, Sie fühlten sich wohler und versuchten, diesen Effekt zu verstärken. Sie ahnen es, da lauert die nächste Tücke, denn auf einmal sehen Sie jeden Tag gleich aus und langweilen sich beim Blick in den Spiegel. Das ist der beste Augenblick, um zu mixen, zu spielen, sich umzuschauen: ist das ewige Schwarz noch ihr Ding? Ist das aufregende Rot zum Klassiker geworden, der Frische vertragen kann?

> *Über etwas so scheinbar Oberflächliches wie Kleid und Hose lässt es sich gut philosophieren. Schnell kommt man zu den großen Themen: Bewusstsein und Selbstwahrnehmung, gesellschaftlicher Druck und das eigene Ich. Ein Grund mehr, sich in das zu hüllen, was Wohlbefinden und Sicherheit verschafft.*

ANERKANNTE KLASSIKER ERGEBEN EINEN STIL OHNE ECKEN UND KANTEN.

Aber zurück zu den Basics und den Klassikern. Sich bei den oben genannten Klassikern zu bedienen, bildet sicherlich einen guten Grundstock. Kleidung, die seit Jahrzehnten ein positives Image hat, verleiht ihrer Trägerin ein zeitlos-sicheres Auftreten; sie zeigt: diese Frau kennt sich aus, hat Geschmack und misst Äußerlichkeiten keine zu große Bedeutung bei. *Doch vernachlässigen Sie dabei leicht Ihre Persönlichkeit und Ihre Einzigartigkeit.*

*... sollten Sie nicht zu viel Bedeutung zumessen.

Ponchos

Ponchos sind das perfekte Teil für einen modernen Lagenlook. Tipp: Wenn du oben weite Kleidungsstücke – wie einen Poncho – trägst, solltest du sie mit Teilen kombinieren, die in der unteren Körperhälfte eine schmalere Silhouette formen und auf klare Linien setzen, damit deine Figur nicht verschwindet. Du kennst es bestimmt: Outfits, die dir das tolle Gefühl geben, in eine Decke gehüllt und nicht eingeengt zu sein. Ponchos geben dir genau dieses Gefühl und sind dazu noch total in!

Gothic + Folklore

"*Ponchos stehen großen Frauen am besten. Eher kleine Frauen wirken in ihnen meistens zu kompakt und massiv. Hohe Schuhe können diesem Effekt entgegenwirken.*"

62

63 Rosé babe

> Dieser Look zeigt: Ponchos können nicht nur cool und lässig sein sondern durchaus auch romantisch und verspielt. Spiele und experimentiere mit den It-Pieces!

64 Poncho Patterns

> Poncho und Mantel sind ideal für sehr kalte Tage. Die Schluppenbluse und die Schleifenpumps machen den Look feminin.

65 Country Girl

„ Wenn du unsicher bist, wie du Ponchos am besten kombinieren kannst, greife am besten zu schmalen Hosen. Diese ergeben einen guten Kontrast zu den voluminösen Ponchos. "

Strahlende Waldfee

Ein Poncho in Form eines Capes – echt cool. Setze auf Kleidungsstücke mit markant gemusterten Ärmeln: ein echter Eyecatcher!

66

Indian Summer

67

" *Hier macht es der Materialmix aus Wolle, Cord und Wildleder. Die Streifen des Ponchos strecken optisch.* "

Skinny Pants

Totgesagte leben länger! Skinny Pants sind im Lauf der letzten Jahre fast zu einem Klassiker unserer Garderobe geworden. Die Silhouette der Hosen schmeichelt so gut wie jedem und sie sind sowohl tagsüber als auch abends super zu tragen. Und das Tolle ist: Sie passen zu fast allem in deiner Garderobe! Aber kombiniere sie bloß nicht zu Ballerinas oder einer faden Bluse, sonst wird's schnell langweilig. Auf den folgenden Seiten siehst du, wie man den Trendhosen einen neuen, modernen Look verpasst.

Starke Farben für starke Frauen

Als Schal, Haarband oder Krawatte tragbar

Casual durch Rollkragenpulli und perfekt für's Büro!

Zweireiher sind wieder angesagt!

Tasche in der Trendfarbe Marsalla

Fashion Street Gang

69

" Aktuell sind alle Bundhöhen modern:
Die altbekannten Hüfthosen als auch solche,
die in der Taille enden. "

"Grobe, große Boots & skinny Jeans – ein absolutes Dreamteam!"

70

I'm a rockstar!

Lazy Sunday

71

„ Der Look aus Denimbluse und -hose funktioniert hier vor allem wegen der Patches und Stickereien und dem coolen Mantel dazu. "

72 Hot Pink

Flowerpower

Schößchen formt tolle Figur

Brokatmuster – so angesagt!

Color-blocking! Rot und Pink können toll zusammen wirken. Trauen Sie sich!

Tuxedo im Mustermix

73

" Outfits im Mustermix – fantastisch, wenn man weiß, wie's geht. Tipp: Am ehesten gelingt der Look, wenn du nur zwei Musterfamilien nebeneinanderstellst, bei diesem Outfit sind es zum Beispiel florale Ornamente und Karo. "

Black Dresses

Mit dem „kleinen Schwarzen" bist du für fast jede Gelegenheit perfekt angezogen – außer vielleicht für Hochzeiten. Es ist sowohl ein Klassiker für Partynächte als auch für Business-Termine.
Kombinieren kannst du es mit High Heels, Boots, Blazer oder Cape, mit oder ohne Schmuck … Dieses Kleid ist die wohl genialste Erfindung der Modewelt.

„ Ein cooler Stilbruch! Die mutige Kombi von Trendteilen in Flanell, Spitze und Folklore-Optik ergibt hier einen absolut einzigartigen Look. "

Shopping Tour

74

75 Black is my favorite color

„ Schwarze Kleider mit Spitze sind elegant und stehen so gut wie jeder Frau. Kombiniere das Schwarz mit anderen Farben – so wird es modischer. "

76 Fashion Victim

> Mixen Sie ruhig auch verschiedene Stile miteinander! Aus der Kombination der Weste und Laméstoff entsteht ein Outfit mit Gypsy-Momenten.

Wrap Dress

77

"
Das Wickelkleid holt das Beste aus wirklich jeder Figur heraus: Es macht ein tolles Dekolleté und betont die Taille. Jede Frau braucht mindestens ein gut sitzendes Wickelkleid in ihrem Kleiderschrank.
"

78 Audrey Hepburn

„ Die Felljacke ist ein gelungener Stilbruch zum eleganten Kleid. Spektakulär dazu: ein großer Hut. "

73 Flamenco olé

> Kurzjacken sind nicht unbedingt für jede Figur geeignet, da sie den Blick auf die Hüften lenken. Betone dann zusätzliche deine Taille!

80 Sophisticated

> *Da die Stickerei hier silbern ist, solltest du zu silbernen Accessoires greifen. Gold und Silber zu kombinieren, ist nicht ratsam.*

81 Posh Spice

ungewöhnlich kombiniert: Bikerjake

High-Tech Material: Neopren

unbedingt mit Heels

Der Kleiderschrank*

von Andrea Instone

Listen, Listen, noch mehr Listen und hätten Sie es gedacht: selbst für das korrekte Sortieren Ihres Kleiderschrankes sind Regeln zu befolgen. So sind Sie aufgefordert, alles, was Sie länger als ein Jahr, eine Saison oder auch nur einen Monat nicht getragen haben, zu entsorgen – Sie tragen es eh nie wieder. Raus aus dem Haus geht alles, was Sie doppelt und dreifach besitzen und alles, was nicht passt – *weg mit den alten Fetzen!*

SIE BESTIMMEN DEN INHALT IHRES KLEIDERSCHRANKS UND NICHT DAS NEUESTE MODEMAGAZIN.
Nach drei Stunden harter Arbeit stehen Sie vor Ihrer Garderobe; der Minimalismus pur schaut Ihnen entgegen. Das macht Sie glücklich. Wenn Sie mit Tieren oder Kindern leben, den Keller säubern oder Schokokuchen backen wollen, stellt Sie dieser Kleiderschrank jedoch vor eine große Herausforderung. Und sind Sie eine Kostümspielerin, die sich täglich anders zeigt, dann ist der minimalistische Kleiderschrank die größte Strafe überhaupt.
Bevor Sie gnadenlos Kleider, Röcke und Hosen aussortieren, überlegen Sie, was Sie von Ihrer Garderobe erwarten. *Vergessen Sie alle Regeln, die mit Ihnen nichts zu tun haben.*

> *Nur Sie entscheiden, welche Bedürfnisse Ihr Alltag an Ihre Garderobe stellt. Sie wissen, welche Farben Sie zur Geltung bringen und welche Stoffe Sie auf Ihrer Haut lieben. Sie wissen, ob Sie Ihren Charakter nach außen tragen oder eine Maske anlegen wollen. Sie wissen, ob Sie in einem Kleiderfundus stöbern oder blind in eine perfekte minimalistische Garderobe greifen mögen.*

Stimmt!

KLEIDUNG, DIE SIE DARAN HINDERT, GANZ UND GAR SIE SELBST ZU SEIN, HAT KEINEN PLATZ IN IHREM KLEIDERSCHRANK.
Im Leben jeder Frau kommt die Zeit, da sie vor dem Kleiderschrank steht und dem Inhalt nichts mehr abgewinnt; sei es, dass das Gewicht sich ändert, ein Kind auf die Welt kommt oder sie einfach eine Andere geworden ist. Meist bedeutet das für einen Großteil der Garderobe den Weg in den

Kleidersack und vor die Tür. Es folgt eine Bestandsaufnahme dessen, was auf keinen Fall im Schrank fehlen darf: Wahrscheinlich können Sie noch ein oder zwei Wochen ohne Bikerlederjacke existieren, aber weniger gut ohne eine wärmende Jacke.

Wie wäre es mit einer persönlichen, Ihnen angepassten Liste der Dinge, die Sie – nicht die Modebloggerin – brauchen? Meiner Meinung nach brauchen Sie Kleidung, in der Sie sich wohl fühlen und die Sie nicht einengt, in der Sie sich schön und stark fühlen.

> *Alles, was Sie einschränkt und zurückhält, hat in Ihrem Schrank keinen Platz. Hinein darf alles, wovon Sie träumen und wonach Sie sich sehnen, was Sie umschmeichelt und festhält, was Sie im Job tragen und was Sie auf dem Sofa entspannt.*

Schön gesagt!

Wie gerne würde ich Ihnen über die Schulter schauen, um Ihre Liste zu sehen. **Sind Sie verliebt in Kleider und Röcke oder dreht sich alles um Hosen? Suchen Sie nach eng taillierten Lederoutfits oder fließenden Bohoblusen? Kombinieren Sie beides? Sind Sie streng oder verspielt, suchen Sie sich oder haben Sie sich gefunden?**

ACHTEN SIE EINMAL DARAUF: NICHT ALLEIN DURCH DAS PERFEKTE ENTSTEHT SCHÖNHEIT UND ANMUT.

Ich möchte alles wissen; ich bin neugierig und halte in den Straßen die Augen offen, auf der Suche nach Frauen, die leuchten. Manchmal sind es Frauen, die auffällig gekleidet sind, manchmal sind es Frauen, die betont schlicht auftreten. Aber immer sind es Frauen, die Harmonie, Leben und Selbstbewusstsein ausstrahlen. **Perfektion ist es selten; es ist die Übereinstimmung von Äußerem und Innerem, die Schönheit versprüht.** Und weil ich mich schlecht zurückhalten kann, gehe ich auf eine solche Frau zu und sage ihr, wie unglaublich toll sie aussieht. Die meisten sind verblüfft, aber erfreut. Eine alte Dame ließ mich nicht so schnell entschwinden, sondern nahm meine Hand, bedankte sich und fragte ernsthaft, ob sie wirklich gut aussähe. Sie sei doch schon über 90 und immer hätten andere ihr gesagt, was sie zu tragen habe. Bis ihr Mann verstarb und sie begann, alles anzuziehen, was sie immer hatte haben wollen. Sie trug, als wir uns trafen, ein Strickkleid in einem dunklen Pflaumenton und darüber einen stahlblauen Wollmantel. Sie sah so zart und königlich aus, dass ich um sie herum flatternde Spatzen und Turteltauben als selbstverständlich betrachtet hätte. Erst jetzt nach all den Jahrzehnten fände sie sich hübsch und interessant.

> *Sie warten bitte nicht so lang: ran an den Kleiderschrank – machen Sie ihn zu Ihrer Schatzkammer. Sesam, öffne dich!*

Los geht's!

*ist ein Spiegel Ihrer selbst und nicht der Frauenmagazine.

Mäntel

Viele würden der Aussage „Bigger is better." wohl widersprechen. Wenn es jedoch um die aktuellen Mäntel geht, ist sie absolut wahr!
Garantiert kannst auch du die Trendteile tragen, ohne optisch im Stoff zu versinken und dir verhüllt vorzukommen. Wichtig ist es, die richtige Balance und vor allem die richtige Mantellänge zu finden. Mit dem richtigen Styling kann jeder diesen Trend meistern!

82 Spaziergang

Hoher Halsausschnitt schützt vor Kälte

Süß!!!

Burgunder – eine tolle Farbe.

Gekrempelte Ärmel sehen immer gut aus.

Sämtliche Accessoires und Reißverschlüsse in gold

Wintermorgen

Investiere in einen hochwertigen Wintermantel in Wollqualität! Er wird dich durch jede Witterung treu begleiten.

First Lady

84

> Weiße Jeans kombinierst du am besten mit Pastellfarben. Gelungen wirkt das Outfit, wenn dein Oberteil ebenfalls weiße Elemente beinhaltet.

Fake Fur – so kuschlig

„ *Wenn du Fellmäntel kombinieren willst, ist es wichtig, auf glamouröse und elegante Teile zu setzen. Eine Jogginghose geht hier gar nicht!* "

85

Playing in the snow

86

", Auch schön wärmende Daunenjacken können toll aussehen – achte darauf, zur Jacke eher schmale Hosen zu tragen. "

87 Karo? Klaro!

> *Dein Mantel sollte immer länger sein, als das Kleidungsstück, das du darunter trägst. Auf keinen Fall sollte das Kleid herausschauen.*

Der Materialmix macht diesen Look interessant.

Grafische Muster!

88 I'm an animal!

Lieber hochwertig kaufen: Fake-Fell

Schuhe im Animalprint

Mode und Inspiration*

von Andrea Instone

Sie haben Ihren eigenen und unverkennbaren Stil gefunden, in dem Sie sich schön, stark und zufrieden fühlen. Was aber tun mit den ständig neuen Trends? Es ist nicht leicht: Machen wir jede Mode mit, so gelten wir als „fashion victim"; ignorieren wir sie, erscheinen wir desinteressiert, hausbacken und unmodern. Ein gar schreckliches Schicksal …

> **Während wir hin- und herüberlegen, geht uns eines verloren: Der Spaß an Mode, an Kleidung und Verkleidung, an Wechsel und Beständigkeit.**

Und diesen Spaß wollen wir zurück. Denselben, den wir als Kinder hatten, wenn wir heimlich in Mamas Kleiderschrank stöberten, uns in ihre Kleider und Blusen hüllten und beim Blick in den Spiegel so wunderschön fanden, dass wir es kaum erwarten konnten, endlich erwachsen zu sein, um jeden Tag so herrlich zu spielen.

Tritt die neue Mode auf die Bühne, empfangen wir sie mit einem Lächeln und picken uns aus ihrem Angebot all das heraus, was uns fehlt und fasziniert. Sie hat Überzeugungskraft: **Vieles, was uns gestern seltsam erschien („Hosenröcke? Ich soll Hosenröcke tragen?"), ist übermorgen ein Klassiker in unserem Schrank („Culottes – unbedingt!").**

> **Lassen Sie sich durch Laufsteg-Mode inspirieren, aber nehmen Sie sie nicht zu ernst.**

Mode soll Spass machen!

Mode ist wie die Großtante, die uns zwischen Klatschgeschichten und Nichtigkeiten ewige Weisheiten vermittelt. Die uns mit Duftseifen und Ziertaschentüchern beschenkt, uns aber auch die goldene Armbanduhr der Urgroßmutter überlässt, die wir sehnsüchtig-still bewunderten. Was diese Großtante tut und sagt, ist vielleicht nicht überlebensnotwendig, aber unser Leben macht sie bunter und fröhlicher. **Wie schön, nicht alles ernst nehmen zu müssen.**

Wie die Fashionshows. Ein wenig sind sie wie die Serviervorschläge eines Fertiggerichts: nett anzusehen, aber im Alltag nicht umsetzbar. Nicht, weil die vorführenden Models größer, schlanker, schöner wären, sondern weil Designer Kleidung, Kunst und Kreativität vor Augen haben und nicht die

Frau, die darin steckt. Deshalb sind ihre Entwürfe für uns vor allem eines: Inspiration. Das ist, was Mode tut. *Inspirieren, uns herausfordern, neues und fremdes zu adaptieren, zu unserem eigenen und besonderen zu machen.*

ACHTEN SIE AUF INSPIRIERENDE DETAILS, DIE ZU IHNEN PASSEN.
Mode als Vorschlag zu verstehen und nicht als Befehl, das musste ich lernen. Mit Anfang 20 traf ich Ute, zehn Jahre älter und Einkäuferin der Luxusboutique, in deren Insel-Dependance sie über die Sommermonate arbeitete und in der ich bald begann, mein Geld zu investieren. Wir verstanden uns sofort und es dauerte nicht lang, bis sie mich an die Hand nahm und einkleidete. Ich, die ich mich zu dünn und unscheinbar fand, steckte dank ihr nicht mehr in weiten Stoffmassen, sondern in engen Hosen, kurzen Pullis und lässigen Schuhen.
Ute war MEIN Hubert de Givenchy. Samstags, nach Arbeit und Strandmarsch, wärmten wir uns im Lieblingscafé auf und spielten „Was würdest du tragen, wenn du von dieser Doppelseite wählen müsstest?" Da zogen die letzten Kollektionen seitenweise an uns vorüber und oftmals wären wir lieber nackt gegangen. *Aber auf den dritten, vierten, fünften Blick fanden wir doch ein Detail, das selbst die gruseligste Modefantasie veredelte.*

← Auf die Details kommt es an!

ÜBERSETZEN SIE STYLINGVORSCHLÄGE IN IHRE INDIVIDUELLEN LOOKS.
Utes Spiel und ihre Weigerung, an den Körpern ihrer Kundinnen irgendwelche Makel erkennen zu wollen, haben mich beeinflusst; hatte ich bislang alles innerhalb eines Augenblicks in scheußlich oder schön unterschieden, so suchte ich nun bewusst im scheinbar Scheußlichen nach dem Schönen und fand es.

> *Wenn Sie – wie hier von Mads – Stylingvorschläge betrachten, seien Sie offen; sagen Sie nicht sofort Ja, Nein und Niemals. Sagen Sie vor allem nicht, Sie könnten das nicht tragen – trauen Sie sich, spielen Sie, testen Sie; haben Sie Spaß an der Inspiration.*

Oh ja! ←

Überhaupt Inspiration – wenn Sie wie ich gerne Filme schauen und dabei auf die Kleidung der Darstellerinnen achten, so haben Sie sich bestimmt einmal auf die Suche nach genau jener Jacke oder diesem Kleid gemacht. Durch diese meist hoffnungslose Suche bin ich zum Selbermachen gekommen – Nähen und Stricken eröffnen Ihnen die Möglichkeit, mit etwas Übung jeder Inspiration zu folgen. *Und der Mix aus dem Selbstgemachten und dem Gekauften, dem Hypermodernen und dem Zeitlosen, dem Perfekten und dem Unperfekten – dieser Mix ist der besondere eigene Stil, der Sie, und nur Sie, widerspiegelt.*

*Lassen Sie sich inspirieren, aber nicht beschränken.

Bleistift-Röcke

Dieses zeitlose Must-Have gibt Frauen schon seit Jahrzehnten ein Gefühl von Selbstsicherheit. Heute sind sie
cooler und moderner denn je, vor allem auch wegen
Serien wie „Mad Men". Bleistift-Röcke machen jede Frau
zum Starlet und sind ideal sowohl für Tageslooks als
auch für elegantere Outfits am Abend. Egal ob du dünn
oder etwas runder bist: Bleistift-Röcke machen jede
Figur fraulich und sexy.

Lässig in Leder

89

> Am besten sehen Bleistiftröcke mit eher kurzen Oberteilen aus. Feminine Schnitte und Materialien bilden hier außerdem einen guten Kontrast zum angesagten Lederrock in Wickeloptik.

Sexy Herbstlook

" Bleistiftröcke sind echte Outfitwunder!
Die Allrounder kannst du perfekt downdressen
oder zu eleganten Looks kombinieren. "

92 Ghetto Glam

"Turnschuhe und Bleistiftrock? Klar! Ein wahnsinnig aufregendes Outfit, gerade auch wegen des markanten Kontrasts."

93 Denim Queen

" *Kräftigere Frauen können Bleistiftröcke toll zu Oberteilen mit ausgestellten Schößchen tragen. Diese formen eine Wahnsinns-Figur.* "

Die lange Weste streckt dich optisch, gleichzeitig zaubert der Gürtel Taille – ein Outfit, das eine perfekte Figur zaubert!

14

Off to the office

Styling No-Gos*

von Andrea Instone

Nun habe ich meine Gedanken zum Thema Stil, Schönheit und Wohlbefinden mit Ihnen geteilt und mich bis hierhin geweigert, klare Regeln aufzustellen. Ich gehe sogar so weit, jeder Frau zu gestatten, im Sommer ohne Shapewear und langärmelige Jacken Haut zu zeigen und das ungeachtet von Kleidergröße oder Alter.

> *Worum es uns bitte nicht geht, ist das Abwerten anderer Frauen aufgrund ihres Stylings, das unserem Geschmack und unseren Vorstellungen von Schönheit widerspricht.*

Und überhaupt: wer bin ich, dass ich Ihnen vorschreibe, was Sie tragen oder nicht tragen sollten? Eben. Aber meine persönlichen Top Five der Styling-Missgeschicke nenne ich Ihnen gerne.

STRUMPFHOSEN UND SCHUHE, DIE NICHT PERFEKT PASSEN, WERDEN IHNEN DEN ABEND VERDERBEN.

Ganz oben auf dieser Liste steht die Strumpfhose. Die zu kurze, zu knappe Strumpfhose. Sind Sie mit langen Beinen bedacht oder mit kräftigen, so kennen Sie das: Selbst wenn die Strumpfhose bis in die Taille geht, reicht die Schrittnaht nur bis zum Oberschenkel.

Sollten Sie sie dennoch tragen, zum Beispiel wenn Sie zum Tanzen ausgehen, dann seien Sie darauf gefasst, dass die Strumpfhose gleich beim ersten Tanz so tief rutscht, dass kein Schritt mehr möglich ist und Sie deshalb den Abend am Rand der Tanzfläche verbringen. Kamen Sie nach einigen einsamen Gläsern auf die brillante Idee, besagtes Kleidungsstück zu vernichten, so stellen Sie fest, dass die neuen Lackschuhe, die Sie aufgrund ihres Preises und ihres perfekten Aussehens eine halbe Nummer zu knapp kauften, sich entgegen der Aussage der Verkäuferin kein bisschen weiteten und ohne die soeben entsorgten Strümpfe nicht mehr tragbar waren. *Die zu kleinen Schuhe, egal wie schön und günstig sie sind, stehen somit auf Platz zwei.*

TRENNEN SIE SICH UNBEDINGT VON ZU WEIT GEWORDENEN KLEIDUNGSSTÜCKEN!

Bronze überreiche ich den zu weiten Stretchjeans. Im Laufe des letzten Jahrzehnts nahm ich zu, kaufte passende Jeans, nahm wieder ab und meinte, ich könne die Hosen weiter tragen. Besagte Jeans trug ich, um unseren Hund spazieren zu führen. Schon auf dem Weg die Treppe hinab zog ich

Ohja, kennen wir!

den Bund hoch. Schlau wäre es gewesen, umzukehren und eine passende Hose anzuziehen. Ich tat es nicht, verließ das Haus und bog in das Tal ein. Fünf Schritte, dann rief ich „Stopp!" zum Hund und zerrte zum zwanzigsten Mal am Hosenbund, der sich immer weiter von mir entfernte. Die Leine fiel; ich bückte mich. Als ich mich erhob, folgte die Hose nur zaghaft. Kein Mensch in der Nähe – ein Dank dem schlechten Wetter. Zu Hause angekommen, zog ich mir die endgültig zu große Hose von den Hüften, ohne sie zu öffnen.

Oh no!

MANCHES SIEHT ZWAR VOR DEM SPIEGEL TOLL AUS, STELLT SIE ABER IM ALLTAG VOR UNGEAHNTE HERAUSFORDERUNGEN...

Ähnlich peinlich können **kurze Oberteile (so genannte „crop tops")** sein. Zu einem hohen Rock- oder Hosenbund sehen diese Pullis hübsch aus. Vor dem Spiegel. Stehend. Auch gehend machen sie eine gute Figur. Jedoch beim Zahnarzt ...

Ein Abdruck war nötig; panisch hing ich auf dem Sessel und grub meine Fingernägel in die Lehne. Nach drei Minuten befreite mich mein Zahnarzt und ich löste meine verkrampfte Hand langsam. Doch nicht von der Lehne, sondern von seinem Oberschenkel. Er versicherte mir, alles sei in Ordnung. Ich sprang peinlich berührt vom Stuhl und griff nach meinem Zopf, um ihn neu zu binden. Gleichzeitig spürte ich eine Frische – so ein kurzer Pulli verkürzt sich um einiges, wenn man die Arme hebt.

Ich war in meinen Zwanzigern und trug selten einen BH.

Uuuups

ZU ENGE KLEIDUNG KANN ZU PEINLICHEN SITUATIONEN FÜHREN.

Auf dem letzten Platz steht ein Klassiker: **der enge Bleistiftrock oder das enge Etuikleid.** Auch sie sind wunderschön anzuschauen, morgens, vor dem Spiegel. Weiblichkeit pur, elegant und stark. Gut, das Kleid sitzt einen Hauch zu eng, der Rock einen Ticken zu knapp, aber das sieht niemand. Zumindest nicht, bis der Alltag beginnt. Die Taille rutscht bis zum Busen hoch, der Gehschlitz zieht sich bis knapp an den Po und wehe, etwas, an dem Ihr Herz hängt, segelt zu Boden – ist es dort angekommen, ist es für Sie unerreichbar.

SIE UND IHR ALLTAG BESTIMMEN IHRE PERSÖNLICHEN STYLING NO-GOS!

Styling No-Gos hängen weniger von Ihrer Figur ab als von ihrer Alltagstauglichkeit. Kleidung muss passen; alles, was zu eng, zu kurz oder zu weit ist, um sich darin bewegen zu können, hat in Ihrem Schrank nichts verloren.

> *Der beste Tipp ist: Sie müssen sich in allem, was Sie tragen, wohlfühlen, bewegen und Sie selber sein können. Sie – und nicht das neue Kleid! – sind die Hauptperson.*

*... bestimmen nur Sie.

Es kann so einfach sein.

Off the Shoulder

Leicht können Off-the-Shoulder-Teile zu sehr an die 80er, Madonna oder Hippie Girls auf Ibiza erinnern. Aber in einer moderneren, reduzierteren Form sind diese Kleidungsstücke echt cool und angesagt. In den Läden gibt es sie gerade in den unterschiedlichsten Varianten, sodass sie sowohl tagsüber als auch am Abend tragbar sind. Außerdem kannst du in ihnen Haut zeigen, ohne zu sexy zu wirken. Und mal ehrlich: Es gibt schlimmere Dinge, als wie Madonna auszusehen.

95 Fliederduft

„Off-the-Shoulder-Outfits waren in den 80ern total angesagt und feiern gerade ein Revival. Sie lassen sich vielfältig kombinieren, egal ob lässig oder feminin."

Süß und mädchenhaft! Damit es nicht zu verspielt wird, solltest du in solche Outfits einen Bruch einbauen; hier sind es die schwarzen Loafers.

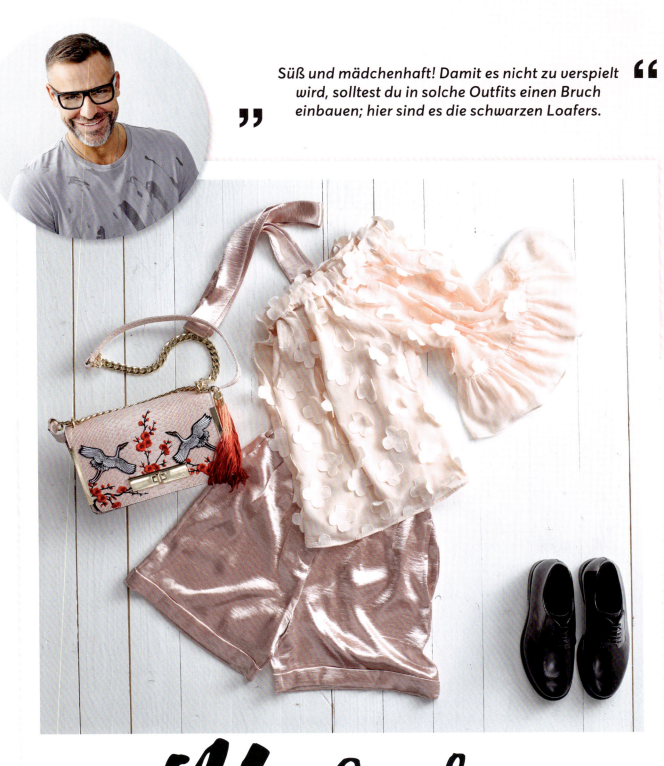

96 Girly

Apricot Summer 97

„ Ein verspieltes, feminines Outfit, ideal für den Sommer. Der Materialmix macht diesen Look modern und aufregend. "

98

> Ein Look, der an die Disco-Ära erinnert. Das asymmetrische Oberteil ist ideal für durchtanzte Nächte, die vielen Armreifen dazu eine tolle Ergänzung.

Studio 54

Pretty Woman

„ *Ein sehr femininer Look, der fast jeder Frau stehen dürfte.* "

Schleifenfänger

100

> Off-the-Shoulder-Looks sind ideal für Frauen mit breiten Hüften. Der Schnitt dieser Trendteile betont die Schultern und verbreitert diese optisch. So entsteht ein Ausgleich zu den Hüften.

Mads Rønnborg

ist gebürtiger Däne und international gefragter Stylist für Prominente, Werbekampagnen sowie Zeitschriften-Editorials. So ist er beispielsweise persönlicher Stylist von Barbara Schöneberger und ihrem Magazin „Barbara". Dem deutschen Publikum ist er außerdem durch Fernsehauftritte bekannt.

Andrea Instone

ist erfahrene Farb- und Stilberaterin. Unter www.michou-loves-vintage.de bloggt sie über das Nähen, Stricken sowie über Mode und Stil.

Impressum

Wir danken Bijou Brigitte für die Unterstützung dieses Buchs!
www.bijou-brigitte.com

OUTFITS: Mads Rønnborg
ASSISTENZ: Christos Banasakis, London
Mads Rønnborg wird repräsentiert von Stephanie Bury von Wedel, Louisa Artists, Hamburg
TEXT S.6/7: Britta John, Königs Wusterhausen
FOTOS: frechverlag GmbH, 70499 Stuttgart; lichtpunkt, Michael Ruder, Stuttgart; Foto Andrea Instone Seite 160: Foto Teubert, Bonn
PRODUKTMANAGEMENT: Eva-Barbara Zirn, Lisa-Marie Weigel
LAYOUTGESTALTUNG: Nakischa Scheibe
UMSETZUNG: DOPPELPUNKT, Stuttgart
DRUCK: Neografia, Slowakei

Alle Inhalte dieses Buchs wurden vom Autor und den Mitarbeitern des Verlags sorgfältig geprüft. Eine Garantie wird jedoch nicht übernommen. Autor und Verlag können für eventuell auftretende Fehler oder Schäden nicht haftbar gemacht werden. Das Werk und die darin gezeigten Modelle sind urheberrechtlich geschützt. Die Vervielfältigung und Verbreitung ist, außer für private, nicht kommerzielle Zwecke, untersagt und wird zivil- und strafrechtlich verfolgt. Dies gilt insbesondere für eine Verbreitung des Werkes durch Fotokopien, Film, Funk und Fernsehen, elektronische Medien und Internet sowie für eine gewerbliche Nutzung der gezeigten Modelle. Bei Verwendung im Unterricht und in Kursen ist auf dieses Buch hinzuweisen.

1. Auflage 2017
© 2017 frechverlag GmbH, Turbinenstraße 7, 70499 Stuttgart
ISBN 978-3-7724-6475-1 • Best.-Nr. 6475